AF143271

GAÏA

SOURCE DE NOTRE
ESSENCE PRIMORDIALE

L'IDÉE DE CE RECUEIL
M'EST APPARU AU FIL D'UNE DISCUSSION
AVEC VÉRONIQUE LELIEUR,
CRÉATRICE DE BIJOUX,
LORSQU'ELLE M'EXPLIQUAIT
LES RACINES DE SA DERNIÈRE COLLECTION
"GAÏA"

FASCINÉ PAR SON APPROCHE,
J'AI TROUVÉ UNE
PISTE INTROSPECTIVE
POUR ME CONNECTER
À LA SOURCE QUI NOUS LIE
ENTRE TERRE ET CIEL

:: GAÏA - D'ÂME NATURE ::

(VOUS POUVEZ TROUVER LES CRÉATIONS DE VÉRONIQUE
LELIEUR SUR WWW.JOAILLERIELELIEUR.COM)

© 2021, M.Ghaus Djojan; Engel Djojan
Édition : BoD – Books on Demand,
12/14 rond-point des Champs-Élysées, 75008 Paris
Impression : BoD - Books on Demand, Norderstedt,
Allemagne
ISBN: 978-2-322-37800-5
Dépôt légal : Juillet 2021

GAÏA ::D'ÂME:: NATURE

COPYRIGHT   2021 ÉK::LÏT ÉDITIONS
ÉRIC BOUF - 9 RUE DES CÔTES, 78600 MAISONS LAFFITTE
EK.LIT@YAHOO.COM
WWW.SEREVEILLERPOURSETRANSFORMER.COM

INDEPEDENTLY PUBLISHED
ISBN : 9782322378005

GAÏA

D'ÂME NATURE

ERIC BOUF

ÉK::L'ÏT ÉDITIONS 2021

GAÏA
EST
L'ÂME
DE LA TERRE

::

SOURCE DE VIE
TRANSCENDANTE

::

POUMON
DE LA CONSCIENCE
UNE ET UNIQUE

#1

J'AIME MES RIDES
::
LES SIGNATURES
DE L'INTENSITÉ
DE MA VIE
::
L'EMPREINTE
DE
GAÎA

#2

LES MOUVEMENTS
DE LA LUNE
::
SONT
TREIZE CYCLES
DE VIE
::
QUI NOUS CONNECTE
À GAÏA

#3

UN CHARBON
REMERCIE
TOUJOURS GAÏA
LORSQU'IL
DEVIENT DIAMANT
::
TELLE LA CHENILLE
REMERCIE LA VIE
LORSQU'ELLE
DEVIENT PAPILLON

#4

LORSQUE
VOUS ÉCOUTEZ
LES PIERRES

::

QUE DITES-ELLES
AU SUJET
DU TEMPS
QUI PASSE ?

::

DE LA VALEUR
DU MOMENT
PRÉSENT ?

#5

GAÏA
MÈRE DE LA TERRE

::

S'EST UNIE
AVEC OURANOS PÈRE DU CIEL

::

POUR DONNER NAISSANCE
À APHRODITE

::

MANIFESTATION
DE LA BEAUTÉ INCARNÉE

::

LA NATURE QUI NOUS RELIE
ENTRE TERRE ET CIEL

#6

LA LOI FONDAMENTALE
DE LA TERRE

::

EST L'ÉCONOMIE
DE L'EFFORT

::

TOUT A UN DESSEIN

::

ET TROUVE SA PLACE
DANS UN ÉQUILIBRE

::

SELON GAÏA

#7

UNE PLAQUE DE MARBRE
EST UN MIROIR
::
QUI RÉFLÉCHIT
L'ÂME DE GAÏA
::
L'ESSENCE DE LA VIE
QUI NOUS HABITE

#8

GAÏA
EST LA VIE
DE LA TERRE

::

NOUS L'APPELONS
L'HUMUS

::

QUI A DONNÉ NAISSANCE
AU MOT HUMILITÉ

::

L'ACCEPTATION
DE L'EXISTENCE
DANS SON ENSEMBLE

#9

AVEC SES RACINES
QUI MÈNENT VERS LE CIEL

::

L'ARBRE EST
UNE ANTENNE ÉNERGÉTIQUE

::

QUI RELIE GAÏA À OURANOS

::

MANIFESTATION DE
LA CONSCIENCE UNIVERSELLE

#10

SOI TOI-MÊME

::

TES MARQUES
SONT LE LIVRE DE TA VIE

::

TES CICATRICES
TES TROPHÉES

::

QUI ÉMERVEILLERONT
LES AUTRES

::

PAR LES REFLETS
QUI ILLUMINENT TON ÂME
ET TON COEUR

#11

LE VENT A SÉCHÉ MES LARMES

::

LE FEU RÉCHAUFFÉ MON CŒUR

::

LES FLEURS M'ONT ÉMERVEILLÉ

::

LE LAC M'A DÉCRISTALLISÉ

::

MERCI MÈRE GAÏA

#12

L'ÉCORCE DE GAÏA

::

EST LE SOCLE
DE LA VIE TERRESTRE

::

SUR LAQUELLE
SE MANIFESTE

::

L'EXPRESSION DE
LA CONSCIENCE UNIVERSELLE

#13

EN NOUS CONNECTANT
À L'ÉNERGIE DE LA TERRE
::
NOUS EMBRASSONS
LA VIBRATION PRIMORDIALE
DE GAÏA

#14

LE CALME DE L'EAU

::

NE PRÉSUME NI DE SA FORCE

::

NI DE SA DÉTERMINATION

::

NI DE SA FLUIDITÉ

::

NI DE SON ENTÊTEMENT

::

À PÉNÉTRER TOUT INTERSTICE
LIBRE DE L'ACCUEILLIR

#15

ÂME DE LA TERRE

::

DRAGONNE DE L'EAU

::

FEMME DU VENT

::

SIRÈNE DU FEU

::

JE SUIS GAÏA

#16

GAÏA EST PARTOUT

::

DANS NOS JARDINS

::

DANS NOS MAISONS

::

DANS NOTRE CORPS

::

DANS NOTRE CŒUR

::

DANS NOTRE ESPRIT

#17

L'ÉNERGIE DE GAÏA

::

EST UN ESPRIT
ÉVANESCENT

::

RAYONNANT

::

ENVOUTANT

::

QUI NOUS RELIE
À L'ÉNERGIE PRIMORDIALE

::

DE LA TERRE VERS LE CIEL

#18

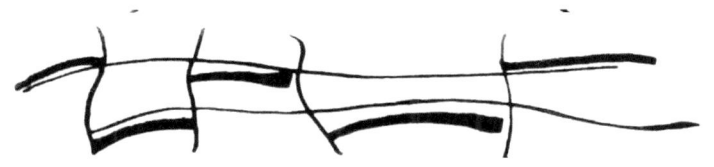

GAÏA N'A PAS DE RIDES

::

ELLE ARBORE FIÈREMENT
LE REFLET DE SES ÉCORCES

::

COMME NOUS DEVRIONS
ILLUMINER L'EXPÉRIENCE

::

QUI MARQUE NOTRE VISAGE

#19

Aimer

ET SI GAÏA

::

DÉESSE DE LA TERRE
ET DE LA VIE

::

S'ÉTAIT DÉGUISÉE EN ISIS ?

::

PUIS EN MARIE ?

::

L'ANAGRAMME D'AIMER

#20

L'APPEL DE GAÏA
NE S'EXPLIQUE PAS !
::
ELLE NOUS APPELLE
::
TENDRE L'OREILLE
NE SERT À RIEN !
::
ELLE APPELLE NOTRE ÂME

#21

POUR RENCONTRER GAÏA
VOUS NE TROUVEREZ
AUCUNE PANCARTE

::

IL SUFFIT DE SE CONNECTER
AUX TROIS DIMENSIONS

::

MINÉRALE

::

VÉGÉTALE

::

ANIMALE

::

ELLE VOUS ATTEND !

#22

C'EST LE TEMPS QUI PASSE
::
QUI REND GAIA
BELLE ET ATTIRANTE

#23

LE SOUFFLE DE GAÏA

::

EXISTE PAR
LES QUATRE ÉLÉMENTS

::

AINSI LE MINÉRAL
NE SAURAIT RAYONNER

::

SANS L'EAU,
LE FEU ET L'AIR

#24

GAÏA
EST UN VOYAGE INTÉRIEUR
::
POUR NOUS AIDER
À MANIFESTER
::
NOTRE NATURE EXTÉRIEURE

#25

GAÏA
EST TEL
UN ŒUF

::

QUI SE BRISE
DE L'INTÉRIEUR
POUR EXISTER

::

MAIS QUI S'ÉTEINT
LORSQUE BRISÉ
DE L'EXTÉRIEUR

#26

L'INTUITION
NOUS EST MURMURÉE
PAR GAÏA

::

AFIN QUE NOUS POSIONS
L'INTENTION PRÉALABLE
À NOTRE ACTION

::

UNE VÉRITÉ TERNAIRE
QUI NOUS LIE
AU DIVIN DE LA TERRE

#27

HELLO, JE M'APPELLE ERIC
ET J'AIME ME PRÉSENTER COMME
UN CHERCHEUR
DE LUMIÈRE INTROSPECTIVE.

J'ÉCRIS POUR PARTAGER DES PENSÉES
QUI MANIFESTENT
L'ACTIVATION DE MON ESPRIT.

SI,
COMME MOI,
VOUS AIMEZ L'INTROSPECTION
ET LA RECHERCHE
DE LUMIÈRE INTÉRIEURE,
ALORS JE VOUS INVITE
À REJOINDRE MON BLOG

WWW.SEREVEILLERPOURSETRANSFORMER.COM

VOUS POUVEZ ÉGALEMENT TROUVER MES AUTRES
RECUEILS SUR LES PRINCIPALES
PLATEFORMES DE VENTES EN LIGNE.

BONNE LECTURE
ET BON VOYAGE INTÉRIEUR

EB